BEI GRIN MACHT SICH IHR WISSEN BEZAHLT

- Wir veröffentlichen Ihre Hausarbeit, Bachelor- und Masterarbeit

- Ihr eigenes eBook und Buch - weltweit in allen wichtigen Shops

- Verdienen Sie an jedem Verkauf

Jetzt bei www.GRIN.com hochladen und kostenlos publizieren

GRIN

Mark Heidmann

Entwicklung einer Marketing-Konzeption für ein Wintersporthotel

GRIN Verlag

Bibliografische Information der Deutschen Nationalbibliothek:

Die Deutsche Bibliothek verzeichnet diese Publikation in der Deutschen National-
bibliografie; detaillierte bibliografische Daten sind im Internet über http://dnb.d-
nb.de/ abrufbar.

Impressum:

Copyright © 2012 GRIN Verlag GmbH
Druck und Bindung: Books on Demand GmbH, Norderstedt Germany
ISBN: 978-3-656-21317-8

Dieses Buch bei GRIN:

http://www.grin.com/de/e-book/193581/entwicklung-einer-marketing-konzeption-
fuer-ein-wintersporthotel

GRIN - Your knowledge has value

Der GRIN Verlag publiziert seit 1998 wissenschaftliche Arbeiten von Studenten, Hochschullehrern und anderen Akademikern als eBook und gedrucktes Buch. Die Verlagswebsite www.grin.com ist die ideale Plattform zur Veröffentlichung von Hausarbeiten, Abschlussarbeiten, wissenschaftlichen Aufsätzen, Dissertationen und Fachbüchern.

Besuchen Sie uns im Internet:

http://www.grin.com/

http://www.facebook.com/grincom

http://www.twitter.com/grin_com

Inhaltsverzeichnis

Abkürzungsverzeichnis

Abb.	Abbildung
bzw.	beziehungsweise
d. h.	das heißt
et al.	et alii
f.	folgende
ff.	folgende
i. d. R.	in der Regel
Insb.	insbesondere
Kap.	Kapitel
s.	siehe
sog.	so genannt
SWOT	strengths, weaknesses, opportunities, threats
vgl.	vergleiche
z. B.	zum Beispiel
z. T.	zum Teil

Abbildungs- und Tabellenverzeichnis

Anlagen- und Beilagenverzeichnis

1 Problemdefinition und methodischer Aufbau

Das Grand Hotel Abcdefg in Garmisch-Partenkirchen ist ein Hotel, das auf eine lange Tradition zurückblicken kann und seinen Gästen ein spezielles Wintersportangebot bereitstellt (vgl. Grand Hotel Abcdefg 2011). Die kreisangehörige Gemeinde Garmisch-Partenkirchen liegt im Regierungsbezirk Oberbayern im Bundesland Bayern. Bedingt durch die geografische Lage ist Garmisch-Partenkirchen für die Ausübung von Wintersportarten prädestiniert. Im letzten Jahr war Garmisch-Partenkirchen Austragungsort für die Alpine Skiweltmeisterschaft 2011 (vgl. Garmisch-Partenkirchen 2011). Das Grand Hotel Abcdefg verfügt über 99 Zimmer, die in die Kategorien Superior und Deluxe unterteilt sind. Obwohl das Hotel für die Wintersportgäste einige Annehmlichkeiten geschaffen hat, sieht es sich nicht als explizites Wintersporthotel. Die Auslastung des Hotels ist im Sommer grundsätzlich geringer als im Winter (vgl. Mitarbeiterin A 2011).

Bei der Definition der Betriebsarten im Beherbergungsgewerbe ist das Wintersporthotel keine eigenständige Betriebsart, sondern wird der Betriebsart Hotel zugerechnet (vgl. DEHOGA Bundesverband 2011). Bei der Recherche für diese Arbeit hat der Autor keine allemeingültige Definition für den Begriff *Wintersporthotel* gefunden. Daher sollen für ein Wintersporthotel in dieser Arbeit folgende Kriterien gelten:

> ➢ Günstige geografische Lage zur Ausübung von Wintersportarten.
> ➢ Das Betreiben von Wintersport als Aufenthaltszweck der Gäste.
> ➢ Das Hotel richtet den Fokus auf Wintersportgäste durch spezielle Angebote oder besonderen Service.

Im Kapitel **Problemdefinition und methodischer Aufbau** wird das Grand Hotel Abcdefg kurz vorgestellt, für das im weiteren Verlauf der Arbeit eine Marketing-Konzeption erstellt wird. Anschließend wird der methodische Aufbau der Arbeit erläutert. Das **Ziel dieser Arbeit** besteht darin, eine Marketing-Konzeption für das Grand Hotel Abcdefg zu erstellen. Diese Marketing-Konzeption soll Lösungsansätze für das Problem der geringeren Auslastung des Hotels in den Sommermonaten aufzeigen.

Im zweiten Kapitel werden die **theoretischen Grundlagen zum Aufbau einer Marketing-Konzeption** dargestellt. Im ersten Schritt werden die Möglichkeiten zur *Analyse der Marketing-Situation* aufgezeigt. Der Fokus richtet sich dabei auf die Standort- und Gästeanalyse sowie die SWOT-Analyse. Im zweiten Schritt wird das *strategische Marketing* behandelt. Ausgehend von der Konzeptionspyramide nach Becker (vgl. Becker 2010: 3) wird der Autor die drei Ebenen Formulierung der Marketing-Ziele, Festlegung der Marketing-Strategie und Wahl der Marketing-Maßnahmen erläutern. Abschließend wird kurz auf die Budget- und Zeitplanung eingegangen.

In dritten Kapitel wird der Autor auf Basis der theoretischen Grundlagen **eine Marketing-Konzeption für das Grand Hotel Abcdefg entwickeln**. Auf diesem Kapitel wird der Schwerpunkt der Arbeit liegen. Dazu wird zuerst eine *Situationsanalyse* durchgeführt. Darauf aufbauend werden *Marketing-Ziele formuliert*, eine *Marketing-Strategie festgelegt* sowie *konkrete Marketing-Maßnahmen vorgeschlagen*. Dabei wird der Autor sich auf den Bereich der produkt-, preis- und kommunikationspolitischen Maßnahmen beschränken, da diese für das bearbeitete Problem von besonderer Relevanz sind. Abschließend wird eine *Budget- und Zeitplanung* erarbeitet.

Im vierten und letzten Kapitel erfolgt eine **Zusammenfassung** der Ergebnisse und **Möglichkeiten zur zukünftigen Erfolgskontrolle** werden aufgezeigt.

2 Aufbau einer Marketing-Konzeption

Becker beschreibt eine Marketing-Konzeption allgemein als einen ganzheitlichen Handlungsplan, der sich an festgelegten Marketingzielen orientiert. Für die Realisierung dieser Ziele müssen geeignete Marketingstrategien ausgewählt werden. Auf Grundlage dieser Strategien werden schließlich die konkreten Marketingmaßnahmen gewählt. Eine Marketing-Konzeption besteht demnach aus drei konzeptionellen Ebenen, die in Abb. 1 dargestellt sind (vgl. Becker 2010: 2 ff.).

Abb. 1: Die Konzeptionspyramide.
         Quelle: vgl. Becker 2010: 3.

Um den Aufbau einer Marketing-Konzeption zu veranschaulichen, vergleicht
Becker diese mit einem Fahrplan: Es müssen "Wunschorte" (Marketingziele)
bestimmt werden, für deren Erreichung eine "Route" (Marketingstrategien)
festgelegt werden muss und für diese sind wiederum geeignete
"Beförderungsmittel" (Marketingmaßnahmen) zu wählen (vgl. Becker 2010: 2 ff.).
Um diese Fahrplan-Funktion erfüllen zu können, setzt die Erarbeitung einer
Marketing-Konzeption die Analyse der Marketing-Situation voraus. Dazu zählen
auf der einen Seite die Markt- und Umfeldanalysen (sog. Umweltanalysen) und
auf der anderen Seite die Unternehmensanalysen (vgl. Becker 2010: 190).

2.1 Analyse der Marketing-Situation

Die Bestimmung der Marketingziele, die Festlegung der Marketingstrategie und
die Planung der Marketingsmaßnahmen können nur auf Basis einer gründlichen
Analyse der Marketing-Situation erfolgen. Die Marketing-Analyse startet mit der
Umweltanalyse und endet mit der Analyse des Unternehmens im Vergleich zu
den stärksten Wettbewerbern. Dabei beginnt man im Regelfall mit sehr
allgemeinen Faktoren und nähert sich dann schrittweise dem jeweiligen
Unternehmen (vgl. Schnettler, Wendt 2011: 37).

Um die Vorgaben bezüglich des Umfangs der Hausarbeit einzuhalten, wird sich
der Autor auf die Standort- und Gästeanalyse sowie die SWOT-Analyse
beschränken.

2.1.1 Standort- und Gästeanalyse

"Die Lage des Objektes ist ein wesentlicher Punkt, der in seiner Bedeutung große Beachtung verdient und einer ausgiebigen Analyse bedarf" (Dawidowsky 2010: 41). Die Nachfrage nach Hotelleistungen resultiert zumeist aus touristischem oder geschäftlichem Interesse der Gäste. Daher sollten vornehmlich die Standortfaktoren analysiert werden, die vermutlich großen Einfluß auf die Nachfrage nach Hotelleistungen ausüben (vgl. Barth, Theis 1998: 90).

"Ihr Angebot, Ihr Marketing, das Ambiente Ihres Objektes – einfach alles muss auf diese Zielgruppe abgestimmt sein und permanent optimiert werden" (Dawidowsky 2010: 52). Das Ziel eines Hotelbetriebes muss sein, die Gestaltung des Leistungsangebotes an den Bedürfnissen der einzelnen Gäste zu orientieren. Daher sind umfassende Informationen über die Struktur der Gäste, ihre Bedürfnisse und Verhaltensweisen sowie das zeitliche Auftreten der Nachfrage zu erheben (vgl. Barth, Theis 1998: 99). Dabei sind nicht nur die aktuell zu beobachtenden Verhaltensweisen der Gäste von Bedeutung, sondern auch die für die Zukunft zu erwartenden Veränderungen und Entwicklungen im Gästeverhalten (vgl. Strauß 2008: 73).

Die Standort- und Gästeanalyse für das Grand Hotel Abcdefg wird in Kap. 3.1.1 durchgeführt.

2.1.2 SWOT-Analyse

Bei der Chancen-Risiko-Analyse werden potenzielle Chancen und Risiken für das Unternehmen aus der Umwelt- und Branchenanalyse (s. Kap. 2.1) abgeleitet. Obwohl es sich dabei um externe Faktoren handelt, die das Unternehmen nicht direkt beeinflussen kann, müssen sie dennoch bei der Erarbeitung einer Marketing-Konzeption beachtet werden. Bei der Stärken-Schwächen-Analyse werden die Vor- und Nachteile des Unternehmens im Vergleich zu den stärksten Wettbewerbern betrachtet. Im Gegensatz zur Chancen-Risiko-Analyse handelt es sich dabei um interne Faktoren, die durch das Unternehmen direkt beeinflusst werden können. Wenn man die Chancen-Risiko-Analyse (externe Faktoren) und die Stärken-Schwächen-Analyse (interne Faktoren) miteinander verknüpft spricht man von einer SWOT-Analyse (Strengths-Weaknesses, Opportunities-Threats). Die Darstellung erfolgt häufig in einer Matrix wie in Abb. 2 dargestellt (vgl. Schnettler, Wendt 2011: 46 ff.).

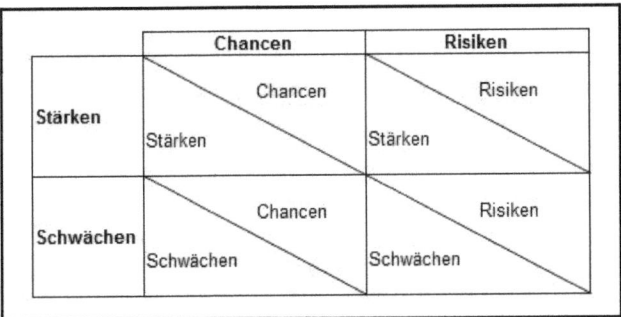

Abb. 2: Matrix für eine SWOT-Analyse.
   Quelle: vgl. Schnettler, Wendt 2011: 48.

Das Ziel der SWOT-Analyse ist, durch die Gegenüberstellung der unternehmensinternen Stärken und Schwächen sowie der unternehmensexternen Chancen und Risiken strategische Handlungsoptionen abzuleiten. Bei der Stärken-Schwächen-Analyse geht es um die Erfassung und Bewertung der finanziellen, physischen, organisatorischen und technologischen Ressourcen des Unternehmens. Die zentrale Aufgabe der Chancen-Risiko-Analyse ist die Erkennung von Diskontinuitäten, also schwer vorhersehbaren Ereignissen, die für das Unternehmen einerseits ein Risiko andererseits aber auch eine Chance darstellen können (vgl. Runia et al. 2007: 59 f.).

2.2 Strategisches Marketing

"Basis des strategischen Marketing Ist das systematische Vorgehen im Zielmarkt unter Einbeziehung aller relevanten Entscheidungen" (Runia et al. 2007: 62). Dabei unterliegt der Marketingentscheidungsprozess den klassischen Phasen aller Entscheidungsprozesse:

 I. Zielsetzung,

 II. Planung,

 III. Durchführung,

 IV. und Zielüberprüfung (vgl. Runia et al. 2007: 62).

Das Zielsystem eines Unternehmens ist vielschichtig und individuell. Ausgehend von der Grundrichtung des Unternehmens, der sog. Unternehmensvision, die das gesamte Denken und Handeln des Unternehmens lenken soll, werden die Unternehmensziele festgelegt. Unternehmensziele sind der Ausgangspunkt jeder unternehmerischen Tätigkeit und sollten einerseits realistisch sein und andererseits jedoch eine gewisse Herausforderung darstellen. Typische Unternehmensziele sind z. B. Umsatz- oder Gewinnsteigerung. Eine Ebene unter den Unternehmenszielen sind die Bereichsziele angesiedelt. Zu den Bereichszielen gehören die Marketingziele, die zur Erfüllung der Unternehmensziele beitragen sollen (vgl. Runia et al. 2007: 63 ff.).

Sind die konkreten Marketingziele erstmal formuliert, folgen die Festlegung der Marketingstrategie und die Wahl der Marketingmaßnahmen (s. Kap. 2). Danach ist eine Budget- und Zeitplanung sinnvoll. Auf diese Punkte wird in den folgenden Kap. 2.2.1 bis 2.2.4 kurz eingegangen.

2.2.1 Formulierung der Marketing-Ziele

Marketingziele sind zentrale Ziele des Unternehmens. Sie sind jedoch nicht die Oberziele des Unternehmens, sondern müssen aus diesen abgeleitet werden. Somit ergibt sich ein zielhierarchisches System, das in Abb. 3 dargestellt ist (vgl. Becker 2010: 7).

1. Unternehmensgrundsätze

2. Mission und Vision

3. Unternehmensziele

4. Marketingziele

Abb. 3: Zielebenen des Unternehmens.
        Quelle: vgl. Becker 2010: 7.

Die **Unternehmensgrundsätze** beschreiben die Philosophie des Unternehmens, an der alle Mitarbeiter ihr Handeln ausrichten sollen. Dazu werden generelle Wertvorstellungen formuliert, wie z. B. Werte (Maßstäbe), Stile (Verhaltensweisen) und Regeln (Leitsätze). Neben den Unternehmensgrundsätzen sind auch Meta-Ziele zu entwickeln, aus denen später die Unternehmens- und Marketingziele abgeleitet werden (vgl. Becker 2010: 8 ff.).

Die **Mission** konkretisiert den Unternehmenszweck und gibt somit dem unternehmerischen Handeln einen bestimmten Handlungsrahmen und eine bestimmte Handlungsrichtung vor. Die **Vision** kann als ehrgeizige Weiterentwicklung der Mission angesehen werden und hat oftmals innovativen

Charakter (vgl. Becker 2010: 12 ff.).

Unternehmensziele sind in marktwirtschaftlichen Systemen normalerweise monetäre Ziele. Grundlegende Unternehmensziele stellen dabei Gewinn- bzw. Rentabilitätserzielung dar (vgl. Becker 2010: 21).

Marketingziele können bzw. müssen einen zentralen Beitrag zur Erfüllung der Meta-Ziele leisten. Grundsätzlich können zwei Kategorien von Marketingzielen unterschieden werden: Marktökonomische und marktpsychologische Ziele. Zentrale marktökonomische Ziele sind Absatz, Umsatz, Preis, Marktanteil und Distribution. Wichtige marktpsychologische Ziele sind Bekanntheitsgrad, Image, Kompetenz, Kundenzufriedenheit und Kundenbindung (vgl. Becker 2010: 28 ff.).

Ähnlich beschreiben auch Schnettler und Wendt die Formulierung der Marketing-Ziele: Aus den Unternehmenszielen werden die Marketingziele abgeleitet. Zu den Marketingzielen werden Unterziele entwickelt, die aus dem Bereich des Marketing-Mix stammen. Konkret sind das Produktpolitik-, Preispolitik-, Distributionspolitik- und Kommunikationspolitikziele (vgl. Schnettler, Wendt 2011: 50 ff.).

Generell ist bei der Formulierung von Zielen die Messbarkeit und damit Überprüfbarkeit die wichtigste Anforderung. Dafür müssen Ziele vollständig und damit präzise formuliert werden. Dies bezeichnet man als Operationalisierung von Zielen. Für die Ziele werden verschiedene Zieldimensionen festgelegt, welche in Abb. 4 dargestellt sind (vgl. Schnettler, Wendt 2011: 49).

Angabe einer **Zielart**	Was will ich erreichen? (z. B. Markenbekanntheit, Image ...)
Angabe des **Objektbezuges**	Bei welchem Objekt will ich das Ziel erreichen? (z. B. Produkt, Marke, Produktgruppe, Unternehmen)
Angabe der **Zielgruppe**	Wen will ich erreichen? (z. B. nach soziodemografischen, psychografischen und verhaltensbeschreibenden Merkmalen segmentierte Gruppen)
Angabe des angestrebten **Ausmaßes** der Zielerreichung	Wie groß soll die beabsichtigte Veränderung ausfallen? (z. B. eine Steigerung der Markenbekanntheit von 15% auf 45%)
Angabe des **Zeitbezuges**	Bis wann soll das Ziel erreicht werden? (z. B. innerhalb eines Quartals, eines halben Jahres, eines Jahres ...)
Angabe der **Messvorschrift**	Wie und mit welcher Methode kann ich die Zielerreichung überprüfen? (z. B. aktive oder gestützte Bekanntheit)

Abb. 4: Operationalisierung von Zielen.
     Quelle: vgl. Schnettler, Wendt 2011: 49.

2.2.2 Festlegung der Marketing-Strategie

Marketingstrategien legen den Handlungsrahmen fest. Die Ergebnisse werden umso effektiver sein, je vollständiger das Strategiekonzept festgelegt wird. Es werden vier Strategieebenen unterschieden, die in Abb. 5 abgebildet sind.

1. Marktfeldstrategien

2. Marktstimulierungsstrategien

3. Marktparzellierungsstrategien

4. Marktarealstrategien

Abb. 5:   Strategieebenen des Unternehmens.
          Quelle: vgl. Becker 2010: 39.

Die **Marktfeldstrategien** legen die grundsätzliche Ausrichtung des Leistungsprogramms eines Unternehmens fest. Dabei sind vier Strategierichtungen möglich, die durch Produkt-Markt-Kombinationen beschrieben werden. Diese werden in Abb. 6 aufgezeigt (vgl. Becker 2010: 40).

Märkte Produkte	gegenwärtig	neu
gegenwärtig	**Marktdurchdringung** (= Durchsetzung eines gegenwärtigen Produktes in einem gegenwärtigen Markt)	**Marktentwicklung** (= Schaffung eines neuen Marktes für ein gegenwärtiges Produkt)
neu	**Produktentwicklung** (= Entwicklung eines neuen Produktes für einen gegenwärtigen Markt)	**Diversifikation** (= Schaffen eines neuen Produktes für einen neuen Markt)

Abb. 6:   Die vier grundlegenden marktfeld-strategischen Optionen des Unternehmens.
          Quelle: vgl. Becker 2010: 40.

Bei den **Marktstimulierungsstrategien** geht es um die grundlegende Bestimmung der Art und Weise der Marktbeeinflussung. Dabei stehen zwei Optionen zur Verfügung, deren Wahl von den Markt- und Abnehmerschichten abhängt. In Abb. 7 werden diese beiden Optionen erläutert (vgl. Becker 2010: 50 f.).

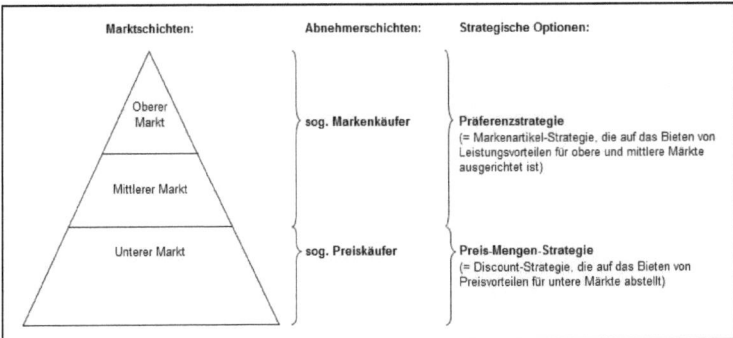

Abb. 7:   Markt- und Abnehmerschichten und grundlegende marktstimulierungs-
strategische Optionen.
Quelle: vgl. Becker 2010: 50.

Die **Marktparzellierungsstrategien** befassen sich mit der Form der
Marktdifferenzierung bzw. der Marktabdeckung. Damit legt ein Unternehmen
auch gleich die Zielgruppen fest, die es im jeweiligen Markt bedienen will. Die
Optionen für den Grad der Marktdifferenzierung sind die Massenmarkt- oder die
Marktsegmentierungsstrategie. Die Marktabdeckung bei einer dieser beiden
Optionen kann dann jeweils total oder partial sein. Somit ergeben sich vier
mögliche Marktparzellierungsstrategien, die in Abb. 8 dargestellt sind (vgl. Becker
2010: 60 f.).

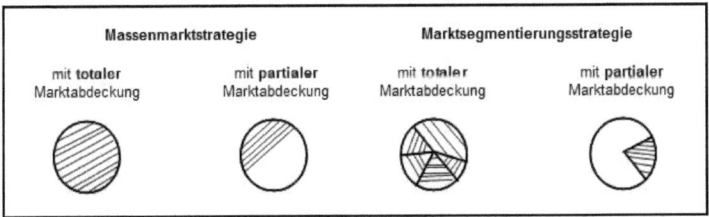

Abb. 8:   Die grundlegenden marktparzellierungs-strategischen Optionen.
Quelle: vgl. Becker 2010: 61.

Die **Marktarealstrategien** konzentrieren sich auf die Bestimmung des Markt-
oder Absatzraumes. Die Bandbreite erstreckt sich dabei von nationalen
Strategien mit lokaler Markterschließung bis zu übernationalen Strategien mit
Weltmarkterschließung. Die einzelnen Detailstufen werden in Abb. 9 aufgezeigt
(vgl. Becker 2010: 69 f.).

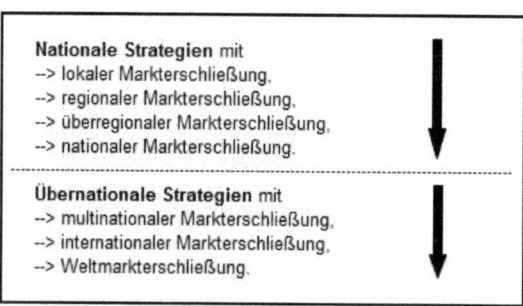

Nationale Strategien mit
--> lokaler Markterschließung.
--> regionaler Markterschließung.
--> überregionaler Markterschließung.
--> nationaler Markterschließung.

Übernationale Strategien mit
--> multinationaler Markterschließung.
--> internationaler Markterschließung.
--> Weltmarkterschließung.

Abb. 9: Marktareal-strategische Basis- und Detailoptionen (-stufen).
Quelle: vgl. Becker 2010: 70.

"Die Steuerungsleistung von Strategien ist jedenfalls umso besser, je vollständiger und schlüssiger ein Strategieprogramm insgesamt ist" (Becker 2010: 81). Demnach muss sich ein Unternehmen mehrfach oder mehrdimensional festlegen und entsprechende Strategiekombinationen wählen. Durch die Verknüpfung verschiedener Elemente aus den vier Strategieebenen entsteht ein komplettes Strategieprogramm (vgl. Becker 2010: 81 ff.).

2.2.3 Wahl der Marketing-Maßnahmen

Das Ziel bei der Wahl der Marketingmaßnahmen (Marketing-Mix) ist die optimale Abstimmung der operativen Instrumente, so dass die Unternehmens- und Marketingziele erreicht werden. Die Abstimmung ist einerseits interinstrumentell, d. h. zwischen den einzelnen Marketingmaßnamen und andererseits mit der strategischen Ebene, d. h. die gewählte Marketingstrategie gibt den Handlungsrahmen für die Einzelmaßnahmen vor. Die klassische Aufteilung des Marketing-Mix teilt die operativen Instrumente in vier Bereiche ein: Produkt-, Preis-, Distributions- und Kommunikationspolitik (vgl. Runia et al. 2007: 125).

Produktpolitik: Die Produktpolitik "beschäftigt sich mit sämtlichen Entscheidungen, die im Zusammenhang mit der Gestaltung des Leistungsprogramms einer Unternehmung stehen" (Runia et al. 2007: 126).

Im Rahmen der Produktpolitik sind für diese Arbeit nur die Value-Added-Services interessant. Mit diesen Mehrwertdiensten wird das Schaffen eines Zusatznutzen für den Kunden angestrebt, der wenig mit der Hauptleistung des Unternehmens zu tun hat (vgl. Schnettler, Wendt 2011: 151).

Preispolitik: Die Preispolitik umfasst die Preisermittlung, preisbezogene Strategien und Maßnahmen. Ein weiterer Bereich sind die Konditionen, insb. Rabatte, Absatzkredite sowie Liefer- und Zahlungsbedingungen (vgl. Runia et al. 2007: 126 ff.).

Für den weiteren Verlauf der Arbeit sind im Rahmen der Preispolitik die Preisdifferenzierung und die Rabatte von besonderer Bedeutung.

Allgemein versteht man unter einer Preisdifferenzierung, dass für das gleiche Produkt von verschiedenen Kundengruppen unterschiedliche Preise verlangt werden. Dies funktioniert jedoch nur, wenn Kunden mit einer höheren Preisbereitschaft davon abgehalten werden können, das Produkt zu einem geringeren Preis zu kaufen. Dazu müssen Barrieren zwischen den verschiedenen Preisklassen aufgebaut werden. In Abhängigkeit von der jeweiligen Barriereart werden verschiedene Arten der Preisdifferenzierung unterschieden:

- **Zeitliche Preisdifferenzierung:** Unterschiedliche Preise zu verschiedenen Zeiten.
- **Leistungsbezogene Preisdifferenzierung:** Zu einer Hauptleistung wird der Umfang einer Nebenleistung zusammen mit dem Preis differenziert.
- **Kundenbezogene Preisdifferenzierung:** Unterschiedliche Preise in Abhängigkeit von Kundenmerkmalen.
- **Regionale Preisdifferenzierung:** Unterschiedliche Preise an unterschiedlichen Orten (vgl. Schnettler, Wendt 2011: 186 ff.).

Unter Rabatten versteht man die Gewährung von Preisnachlässen, die meistens an eine Leistungserfüllung des Kunden gebunden sind. Als wichtigste Rabattarten sind Funktionsrabatte, Mengenrabatte, Zeitrabatte, Treuerabatte und der Bonus, der einen nachträglichen Preisnachlass darstellt, zu nennen (vgl. Runia et al. 2007: 191 f.).

Distributionspolitik: "Im Rahmen der Distributionspolitik geht es um die Übermittlung einer Leistung vom Produzenten zum Konsumenten" (Runia et al. 2007: 126).

Aspekte der Distributionspolitik sind für den weiteren Verlauf der Arbeit nicht von

Bedeutung. Deshalb geht der Autor nicht weiter auf diesen Bereich ein.

Kommunikationspolitik: Die Kommunikationspolitik befasst sich mit allen
"Maßnahmen zur Kommunikation bzw. Bekanntmachung und zum Verkauf der
Produkte und Dienstleistungen" (Runia et al. 2007: 127).

Die klassischen Instrumente der Kommunikationspolitik sind Werbung,
Verkaufsförderung, Öffentlichkeitsarbeit und persönlicher Verkauf. Zusätzlich gibt
es noch die sog. modernen Instrumente wie z. B. Direktmarketing oder
Sponsoring, die jedoch alle grundsätzlich auf die klassischen Instrumente
zurückgeführt werden können (vgl. Runia et al. 2007: 127).

Für die Entwicklung der Marketing-Konzeption in dieser Arbeit sind vor allem die
Werbung, die Öffentlichkeitsarbeit (Public Relations) und das Direktmarketing,
insb. das Online-Marketing, von Bedeutung.

Bei der klassischen Werbung erfolgt die Ansprache der Kunden anonym über die
Massenmedien. Mit dem Einsatz von Werbung verfolgt ein Unternehmen i. d. R.
ökonomische Ziele. Durch Werbung kann man diese Ziele jedoch nicht direkt
ansteuern, so dass die Zielerreichung auf indirektem Weg realisiert werden soll.
Dies wird versucht, indem man die Meinungen und Einstellungen der Zielgruppe
zugunsten der eigenen Produkte beeinflusst (vgl. Kloss 2003: 4 ff.).

Unter Public Relations versteht man Kommunikationsmaßnahmen, die sich auf
das ganze Unternehmen und nicht nur auf einzelne Produkte beziehen. Dadurch
soll das Unternehmen in der Öffentlichkeit positiv dargestellt werden. Es wird bei
ausgewählten Zielgruppen um Verständnis und Vertrauen geworben, wodurch
die Erreichung der Unternehmensziele unterstützt werden soll (vgl. Schnettler,
Wendt 2011: 240).

Das Direktmarketing umfasst alle Maßnahmen, die eine direkte und individuelle
Ansprache der jeweiligen Zielgruppe ermöglichen. Die Vorteile des
Direktmarketing gegenüber der Nutzung der Massenmedien liegen in der
differenzierten und persönlichen Kundenansprache, der Verringerung von
Streuverlusten sowie der guten Messbarkeit des Erfolgs der Maßnahmen (vgl.
Runia et al. 2007: 265). In Abb. 10 sind die unterschiedlichen Instrumente des

Direktmarketing abgebildet.

Abb. 10: Die Instrumente des Direktmarketing.
Quelle: vgl. Kloss 2003: 497.

Das Online-Marketing als Instrument des Direktmarketing hat als besondere Merkmale die zwei Faktoren Digitalisierung und Vernetzung. Texte, Bilder und Töne werden in Bits umgewandelt (Digitalisierung) und können so über Netzwerke Menschen auf der ganzen Welt erreichen (Vernetzung). Die Möglichkeiten beim Online-Marketing sind vielfältig: Der Aufbau eines eigenen Online-Angebots, Platzierung von Online-Werbung, die Nutzung von E-Mail oder die Teilnahme an offenen Kommunikationsgruppen. Die Vorteile für den Kunden sind die Mühelosigkeit, die Informationsvergleiche und die geringe Aufdringlichkeit. Für das Unternehmen sind die schnelle Marktanpassung, die Kostenersparnis gegenüber dem herkömmlichen Vertrieb, der unkomplizierte Aufbau von Kundenbeziehungen und die Möglichkeit der Kontaktmessung als Vorteile zu nennen (vgl. Kotler et al. 2007: 982 ff.).

2.2.4 Budget- und Zeitplanung

Das Werbebudget im Gastgewerbe orientiert sich ausschließlich an der eigenen Finanzkraft, dem Umsatz oder dem Konkurrenzverhalten. Daher eignen sich besonders folgende Verfahren zur Bestimmung des Werbebudgets:

- **Ausrichtung am Umsatz:** Das Werbebudget ergibt sich als Prozentsatz des vergangenen, gegenwärtigen oder geplanten Umsatzes, wobei sich der Prozentsatz zumeist am Branchendurchschnitt orientiert.

- **Ausrichtung an den finanziellen Mitteln:** Das Werbebudget ist das, was vom gesamten Marketingbudget übrig bleibt.

- **Ausrichtung an den Werbeaufwendungen der Konkurrenz:** Das Werbebudget wird an die Ausgaben eines vergleichbaren Konkurrenten oder den Branchendurchschnitt angepasst.

- **Ausrichtung an den geplanten Maßnahmen:** Das Werbebudget wird bestimmt, indem die Kosten der Marketingmaßnahmen ermittelt werden, die für die Zielerreichung als notwendig angesehen werden (vgl. Wolf,

Heckmann 2008: 280 f.).

Die Zeitplanung erfolgt sehr individuell. Im Einzelfall kann es sinnvoll sein, die Zeitplanung an den Auslastungsschwankungen auszurichten und diesen entgegenzuwirken. Man kann die Zeitplanung auch an den Marketingmaßnahmen der Konkurrenz ausrichten. Auf jeden Fall sollten alle Marketingmaßnahmen rechtzeitig erfolgen, denn ein Urlaub oder eine geschäftliche Tagung wird im Regelfall frühzeitig geplant und da ist das eigene Timing wichtig. In der Zeitplanung sollte auch die Intensität der Marketingmaßnahmen berücksichtigt werden. Möglich wären z. B. einmalige Aktivitäten oder regelmäßige und in gleichen Abständen erfolgende Aktivitäten. Häufig wird dafür das verfügbare Werbebudget über einen sog. Streuplan über den geplanten Zeitraum verteilt (vgl. Wolf, Heckmann 2008: 276).

3 Entwicklung einer Marketing-Konzeption für das Grand Hotel Abcdefg

In Kap. 2 wurde mit Ausnahme von Kap. 2.1.1, das sich bereits konkret mit dem Hotelgewerbe auseinandersetzte, der allgemeine Aufbau einer Marketing-Konzeption dargestellt. Dabei konzentrierte sich die Darstellung jedoch auf Aspekte, die für den weiteren Verlauf der Arbeit und die Erreichung des Ziels besonders relevant sind: Die Entwicklung einer Marketing-Konzeption für das Grand Hotel Abcdefg.

In der Literatur liegt der Schwerpunkt oftmals auf dem Konsumgüter-Marketing. Grundsätzlich können die Erkenntnisse des Konsumgüter-Marketing zum großen Teil auf die Dienstleistungsbranche übertragen werden. Jedoch ist zu berücksichtigen, dass nicht alle Methoden und Konzepte übernommen werden können. Dies gilt besonders für das Hotelgewerbe, das durch ein großes Maß an Individualität und ein geringes Maß an Standardisierbarkeit der Hotelleistungen gekennzeichnet ist. Zudem kann eine Hotelleistung nicht zum Gast transportiert werden. Der Gast kann die Hotelleistung ausschließlich am Standort des Hotels in Anspruch nehmen (sog. Residenzprinzip). Daher muss der Gast mit Hilfe des Marketing motiviert werden, räumliche Distanzen zu überwinden um die Hotelleistung am Standort des Hotels in Anspruch zu nehmen (vgl. Barth, Theis 1998: 22 ff.).

3.1 Situationsanalyse

Wie in Kap. 2.1 bereits erwähnt wurde, wird sich diese Arbeit auf die Standort-
und Gästeanalyse sowie die SWOT-Analyse beschränken. Diese werden für das
Grand Hotel Abcdefg in den folgenden beiden Kapiteln durchgeführt.

3.1.1 Standort- und Gästeanalyse

Das Grand Hotel Abcdefg ist ein Vier-Sterne-Hotel und liegt am Ortsrand von
Garmisch-Partenkirchen. Das Gebäude wurde ursprünglich als Sensenschmiede
im Jahr 1800 erbaut und im Laufe der Zeit erst zu einem Gasthaus und
schließlich zu einem Palast-Hotel erweitert. Von außen wirkt das Hotel groß und
altehrwürdig. Vom Hotel aus hat man einen direkten Blick auf die bayerischen
Alpen und die Zugspitze. Das Hotel verfügt über 99 Zimmer und ausreichend
Parkmöglichkeiten direkt am Hotel (vgl. Grand Hotel Abcdefg 2011; Mitarbeiterin
A 2011). In direkter Umgebung des Grand Hotel Abcdefg befinden sich mehrere
Hotels und Gästehäuser. Der Ort Garmisch-Partenkirchen ist bekannt für
Wintersportveranstaltungen wie z. B. das Neujahrsspringen im Rahmen der
Vierschanzentournee oder die Austragung olympischer Winterspiele und ist
deshalb ein beliebtes Reiseziel für Wintersportler oder Wintersportfans. Darüber
hinaus ist Garmisch-Partenkirchen ein heilklimatischer Kurort mit einem
historischen Ortskern. Durch die Nähe zu den Alpen und der Zugspitze ist
Garmisch-Partenkirchen ebenso ein beliebtes Ziel für Wanderer (vgl. Garmisch-
Partenkirchen 2011).

Die Arbeitslosenquote in Deutschland ist in den letzten Jahren kontinuierlich
gesunken (vgl. Statistisches Bundesamt 2011). Dieser Trend hat eine positive
Wirkung auf den Tourismus in Oberbayern (vgl. Oberbayern 2011).

Wie bereits in Kap. 2.1.1 dargelegt, müssen umfassende Informationen über die
Gäste erhoben werden um das Leistungsangebot an die Bedürfnisse der Gäste
anzupassen. Eine Möglichkeit ist das Führen einer systematischen Gästekartei
(vgl. Barth, Theis 1998: 100). Dabei können die Daten für die Gästekartei aus
den Anmeldungen der Gäste gewonnen werden.

Die überwiegende Anzahl der Gäste des Grand Hotel Abcdefg ist zwischen 25
und 50 Jahren alt. Ein Großteil der Gäste ist wegen der Wintersport- und
Wandermöglichkeiten angereist. Paare, Familien und Reisegruppen sind dabei
am häufigsten vertreten. Rund 80 Prozent der Gäste sind deutsch oder

deutschsprachig. Die Aufenthaltsdauer der Gäste beträgt im Regelfall fünf bis sieben Tage (vgl. Mitarbeiter X 2012).

3.1.2 SWOT-Analyse

Die Durchführung einer SWOT-Analyse wurde in Kap. 2.1.2 erläutert. Für das Grand Hotel Abcdefg könnte die SWOT-Matrix wie in Abb. 11 aussehen:

Abb. 11: SWOT-Matrix für das Grand Hotel Abcdefg.

Stärken-Chancen: Durch die durchaus imposante Erscheinung, die große Tradition und den tollen Ausblick kann das Grand Hotel Abcdefg seinen Gästen ein besonderes Ambiente bieten (vgl. Grand Hotel Abcdefg 2011). Solch ein Gefühl können neu gebaute Hotels den Gästen nicht vermitteln.

Stärken-Risiken: Garmisch-Partenkirchen ist ein Wintersportort und als solcher auch Ziel von Wintersportlern und Wintersportfans (vgl. Garmisch-Partenkirchen 2011). Das Grand Hotel Abcdefg bietet seinen Wintersportgästen zwar besondere Annehmlichkeiten, sieht sich allerdings nicht als explizites Wintersporthotel (vgl. Mitarbeiterin A 2011). Daher könnten einige Wintersportler und Wintersportfans auf andere Hotels ausweichen, die sich als Wintersporthotels vermarkten.

Schwächen-Chancen: Dem Grand Hotel Abcdefg ist das Alter z. T. anzusehen, wodurch potenzielle Gäste abgeschreckt werden könnten. Zudem können durch notwendige Renovierungsarbeiten für die Gäste unangenehme Begleiterscheinungen wie z. B. Lärm auftreten. Jedoch kann man gerade dieses Alter des Hotels als besonderes Merkmal herausstellen und gezielt für Marketingaktivitäten nutzen.

Schwächen-Risiken: Durch die Größe und das Alter des Hotels werden hohe

Kosten verursacht. Diese ergeben sich z. B. aus hohen Personal-, Energie- oder Instandhaltungskosten. Bei zu geringen Gästezahlen können Preissteigerungen notwendig werden um die laufenden Kosten zu decken. Durch diese Preissteigerungen können die Gästezahlen weiter sinken und das Grand Hotel Abcdefg könnte dadurch in dauerhafte Schwierigkeiten kommen.

3.2 Formulierung der Marketing-Ziele

Der allgemeine Weg von den Unternehmensgrundsätzen zu den Marketingzielen wurde bereits in Kap. 2.2.1 beschrieben.

Die **Unternehmensgrundsätze** eines Hotels sollten immer durch marktorientierte Formulierungen umschrieben werden, die zeigen, wie das Hotel auf die Bedürfnisse seiner Gäste eingehen will (vgl. Wolf, Heckmann 2008: 115). In diesem Zusammenhang wird z. B. häufig das berühmte Motto des Ritz-Carlton zitiert: "We are Ladies and Gentlemen serving Ladies and Gentlemen" (vgl. Ritz-Carlton 2012). "Tradition und Gastlichkeit mit unverwechselbarem Alpen-Panorama" (vgl. Grand Hotel Abcdefg 2011) könnte zumindest ein erster Ansatz für die Unternehmensgrundsätze sein.

Die **Mission** als Konkretisierung des Unternehmenszweckes sollte sich auf die Erfüllung der Gästebedürfnisse konzentrieren, denn die Ziele Gästezufriedenheit und Gästebindung haben eine überragende Stellung im Gastgewerbe (vgl. Wolf, Heckmann 2008: 154). Die **Vision** als Weiterentwicklung der Mission könnte z. B. darin bestehen, dass man dem Gast ein einzigartiges Hotelerlebnis bieten möchte.

Unternehmensziele sind i. d. R. monetäre Ziele (s. Kap. 2.2.1). Konkret wären z. B. die Erhöhung des Marktanteils und die Steigerung des Gewinns zu nennen.

Abschließend werden die **Marketingziele** formuliert, die einen zentralen Beitrag zur Erfüllung der übergeordneten Ziele leisten müssen (s. Kap. 2.2.1). Um einen Bezug zu den genannten Unternehmenszielen herzustellen wären als marktökonomische Ziele eine Steigerung des Marktanteils und eine Steigerung des Umsatzes zu nennen. Die Umsatzsteigerung ist zwar nicht gleichbedeutend mit einer Steigerung des Gewinns, aber diese Ziele sind auf jeden Fall komplementär, d. h. die Realisierung einer Umsatzsteigerung fördert das Ziel der

Gewinnsteigerung. Als marktpsychologische Ziele sind die Steigerung von Kundenzufriedenheit und Kundenbindung zu nennen, da diese direkt auf die Erfüllung der Mission abzielen.

3.3 Festlegung der Marketing-Strategie

Die Strategieebenen wurden in Kap. 2.2.2 erläutert. Nun gilt es, ein vollständiges und schlüssiges Strategieprogramm für das Grand Hotel Abcdefg festzulegen.

Marktfeldstrategien: Der Zielmarkt ist der deutschsprachige Raum, aus dem rund 80 Prozent der Gäste kommen (s. Kap 3.1.1). Eine Erschließung neuer Märkte ist im Regelfall mit hohen Kosten verbunden und wird daher nicht in Erwägung gezogen. Das Ziel dieser Arbeit ist die Erstellung einer Marketing-Konzeption, die Lösungsansätze für das Problem der geringeren Auslastung des Hotels in den Sommermonaten aufzeigt (s. Kap. 1). Deshalb wird die Marktdurchdrigung als Schwerpunkt gewählt. Einzelne Lösungsansätze können allerdings auch in den Bereich der Produktentwicklung fallen.

Marktstimulierungsstrategien: Da das Grand Hotel Abcdefg als Vier-Sterne-Hotel eine Unterkunft für hohe Ansprüche ist, kommt als Marktstimulierungsstrategie nur die Präferenzstrategie für die sog. Markenkäufer infrage (vgl. Deutsche Hotelklassifizierung 2012).

Marktparzellierungsstrategien: Die Massenmarktstrategie kommt im Hotelgewerbe grundsätzlich nicht infrage, da die verschiedenen Gästegruppen sich in ihren Ansprüchen und Bedürfnisse zu sehr voneinander unterscheiden. Daher ist für ein Hotel die Marktsegmentierungsstrategie eigentlich zwingend zu wählen (vgl. Wolf, Heckmann 2008: 139). Dabei ist dann noch die Entscheidung zwischen totaler oder partialer Marktabdeckung zu treffen. Da das Grand Hotel Abcdefg sich nicht als explizites Wintersporthotel sieht (s. Kap 1), scheidet die partiale Marktabdeckung aus. Es sollen nicht ausschließlich Wintersportgäste angesprochen werden. Somit wird die Marktsegmentierungsstrategie mit totaler Marktabdeckung gewählt.

Marktarealstrategien: Als Marktarealstrategie wird die übernationale Strategie mit multinationaler Markterschließung gewählt, da ein Großteil der Gäste aus dem deutschsprachigen Raum kommt, der auch z. B. Österreich und die Schweiz mit einschließt.

Das komplette Strategieprogramm für das Grand Hotel Abcdefg wird in Abb. 12 in einer Übersicht zusammengefasst:

Strategieebene	Marktstrategische Optionen	
1. Marktfeldstrategie	Marktdurchdringung	Produktentwicklung
2. Marktstimulierungsstrategie	Präferenzstrategie	
3. Marktparzellierungsstrategie	Marktsegmentierungsstrategie mit totaler Marktabdeckung	
4. Marktarealstrategie	Übernationale Strategie mit multinationaler Markterschließung	

Abb. 12: Strategieprogramm für das Grand Hotel Abcdefg.

3.4 Wahl der Marketing-Maßnahmen

Die theoretischen Grundlagen für die Wahl der Marketingmaßnahmen wurden
bereits in Kap. 2.2.3 dargelegt. Dabei hat der Autor den Schwerpunkt auf das Ziel
dieser Arbeit gelegt und eine Vorauswahl der möglichen Maßnahmen getroffen.
Diese Maßnahmen wurden detaillierter erläutert und werden nun in den
folgenden Kapiteln 3.4.1 bis 3.4.3 konkretisiert.

3.4.1 Produktpolitische Maßnahmen

Wie in Kap. 2.2.3 erwähnt, werden sich die produktpolitischen Maßnahmen auf
die Value-Added-Services beschränken.

Indem man sich im Leistungsangebot von der Konkurrenz abhebt, kann man aus
dem reinen Preiswettbewerb herauskommen. Eine Möglichkeit dafür ist, den
Kunden mit zusätzlichen Dienstleistungen positiv zu überraschen. Das Ziel dabei
ist, für den Kunden einen Zusatznutzen zu schaffen, der seine Erwartungen
übertrifft (vgl. Kotler et al. 2007: 558 ff.).

Um die Auslastung in den Sommermonaten zu erhöhen, könnte das Grand Hotel
Abcdefg z. B. organisierte Tagesausflüge nach München oder Innsbruck
anbieten. Weitere Möglichkeiten wären Angebote für den immer populärer
werdenden Sommerbiathlon sowie Ausflüge zur Olympia Skisprungschanze oder
der historischen Bobbahn, welche sich direkt vor Ort in Garmisch-Partenkirchen
befinden. Diese Angebote würden sich dann auch direkt an die Gästegruppen
Wintersportler und Wintersportfans richten. Weniger spezielle Zusatznutzen für
die Gäste könnten geschaffen werden, indem das Grand Hotel Abcdefg ganztags

ein Erfrischungsbuffet mit z. B. kalten Getränken, Kaffee, Tee und Kuchen
anbietet oder abends im hauseigenen Restaurant Blauer Salon ein
Rahmenprogramm bietet wie z. B. Livemusik oder eine Zaubershow.

3.4.2 Preispolitische Maßnahmen

Die preispolitischen Maßnahmen werden sich auf die Preisdifferenzierung und
die Rabatte konzentrieren (s. Kap. 2.2.3).

Im Rahmen der Preisdifferenzierung bieten sich die zeitliche und die
kundenbezogene Preisdifferenzierung an. Für eine bessere Auslastung in den
Sommermonaten könnte man entweder generell die Preise im Sommer senken
oder bestimmte Wochen- oder Wochenendangebote machen, bei denen man z.
B. jede erste Woche im Monat günstigere Zimmerpreise anbietet (zeitliche
Preisdifferenzierung). Andere Möglichkeiten wären günstigere Preise für
Studenten in den Semesterferien oder für Familien in den Sommerferien.
Ebenfalls könnte man z. B. frisch verheirateten Paaren eine der Suiten zu einem
günstigeren Preis anbieten (kundenbezogene Preisdifferenzierung).

Bei den Rabatten hat ein Hotel grundsätzlich verschieden Möglichkeiten:
Mengenrabatte bieten sich für Firmenkunden an falls diese häufig bzw.
regelmäßig Zimmer buchen. Bisher sind Firmenkunden im Grand Hotel Abcdefg
nur ein kleiner Teil des gesamten Gästeaufkommens, den man jedoch durch
entsprechende Rabattpolitik erhöhen könnte (vgl. Mitarbeiter X 2012). Zeitrabatte
könnte man für die sog. Frühbucher gewähren. Beispielsweise kann das Grand
Hotel Abcdefg zehn Prozent Preisnachlass gewähren, wenn das Zimmer
spätestens sechs Monate vor dem geplanten Anreisetag gebucht wird.
Treuerabatte könnte das Grand Hotel Abcdefg in Form von Stempelkarten (z. B.
die Abcdefg-Card) gewähren. Eine Möglichkeit wäre, dass der Gast für jede
Nacht im Hotel einen Stempel bekommt und bei zehn Stempeln bekommt er eine
Nacht kostenlos.

3.4.3 Kommunikationspolitische Maßnahmen

Aus dem Bereich der kommunikationspolitischen Maßnahmen hat sich der Autor
für die Werbung, die Öffentlichkeitsarbeit (Public Relations) und das
Direktmarketing, insb. das Online-Marketing entschieden.

Bei der klassischen Werbung bieten sich für das Grand Hotel Abcdefg das Radio, Zeitungen, Zeitschriften oder das Kino als Werbeträger an. Die Reichweite sollte dabei regional beschränkt werden um die Kosten im Rahmen zu halten. Weitere Möglichkeiten wären die Werbung in Hotelführern oder das kostenlose Bereistellen von Prospekten für Gäste. Für das Werben im Internet könnte sich das Grand Hotel Abcdefg im Rahmen von Hotel Partnerprogrammen bei verschiedenen Online-Reise-Portalen registrieren.

Wie bereits mehrfach erwähnt wurde sieht sich das Grand Hotel Abcdefg nicht als explizites Wintersporthotel (vgl. Mitarbeiterin A 2011). Und genau diesen Punkt könnte man im Rahmen der Öffentlichkeitsarbeit nutzen um der geringeren Auslastung in den Sommermonaten entgegenzuwirken. "Wir sind auch im Sommer immer für unsere Gäste da!" könnte z. B. das Motto einer Kampagne sein, die man über Broschüren, Anzeigen, E-Mails oder besonders dem eigenen Internetauftritt der Öffentlichkeit bekannt macht.

Im Rahmen des Direktmarketing könnte man jedem Gast eine Broschüre gut sichtbar in das Zimmer legen, in der ausdrücklich auf die speziellen Angebote für die Sommermonate hingewiesen wird. Weiterhin möglich wäre auch, den Gästen in den Wintermonaten beim Auschecken einen Gutschein für eine Buchung im nächsten Sommer zu überreichen. Besonders beim Online-Marketing als Instument des Direktmarketing bieten sich einem Hotel eine Reihe von Möglichkeiten. Beim Einchecken könnte man neben den personlichen Angaben des Gastes auch seine E-Mail-Adresse erfragen. An diese werden dann in regelmäßigen Abständen Newsletter oder spezielle Angebote geschickt. Beim eigenen Internetauftritt kann das Grand Hotel Abcdefg ausdrücklich auf die Angebote in den Sommermonaten hinweisen. Die Teilnahme an offenen Kommunikationsgruppen hat das Hotel mit dem eigenen Auftritt bei Facebook bereits realisiert. Jedoch sollte die Seite besser gepflegt und aktuell gehalten werden. Im Moment ist der letzte Eintrag bereits drei Monate alt. Auf die Möglichkeit der Registrierung bei Online-Reise-Portalen wurde bereits hingewiesen.

3.5 Budget- und Zeitplanung

Im Kap 2.2.4 wurden verschiedene Verfahren zur Bestimmung des Werbebudgets vorgestellt. Der Hoteliers- und Gastwirteverband empfiehlt die

Ausrichtung am Umsatz. Das Werbebudget sollte ungefähr fünf Prozent des Jahresumsatzes betragen (vgl. Hoteliers- und Gastwirteverband 2012). Der Autor betrachtet diese Empfehlung als realistisch und sinnvoll.

Die Umsetzung der Marketingmaßnahmen sollte umgehend beginnen. Anhand der Auslastung des letzten Sommers kann das Grand Hotel Abcdefg den Erfolg der Maßnahmen in den nächsten beiden Sommern durch einen Vergleich der Gästezahlen messen. Nach Meinung des Autors sollten die Marketingmaßnahmen auf jeden Fall zwei Jahre lang umgesetzt werden, da man nach einen Jahr möglicherweise noch keinen Erfolg verzeichnen kann und der Vergleich zwischen dem letzten und dem nächsten Sommer nur eine geringe Aussagekraft hat.

4 Zusammenfassung und Möglichkeiten zur zukünftigen Erfolgskontrolle

Im ersten Kapitel dieser Arbeit wurde das zu lösende Problem definiert und das Ziel der Arbeit wurde konkret benannt. Anschließend wurde der methodische Aufbau der Arbeit vorgestellt. Im zweiten Kapitel wurden die theoretischen Grundlagen zum Aufbau einer Marketing-Konzeption dargestellt. Dieses Kapitel wurde bewusst sehr allgemein gehalten, jedoch hat der Autor in bestimmten Abschnitten gezielt auf die Problemlösung hingearbeitet. Beispiele dafür sind die Standort- und Gästeanalyse (s. Kap. 2.1.1), die sich bereits konkret mit dem Hotelgewerbe auseinandersetzte, oder die Wahl der Marketing-Maßnahmen (s. Kap. 2.2.3), bei der vom Autor bereits eine Vorauswahl für die Konkretisierung in Kap. 3.4 getroffen wurde. Der Schwerpunkt dieser Arbeit lag allerdings auf dem dritten Kapitel, in dem eine Marketing-Konzeption für das Grand Hotel Abcdefg entwickelt wurde. Im Rahmen der Situationsanalyse wurden eine Standort- und Gästeanalyse sowie eine SWOT-Analyse durchgeführt. Daraufhin wurden die Marketing-Ziele formuliert und ein Strategieprogramm festgelegt. Abschließend wurden konkrete Marketing-Maßnahmen empfohlen sowie eine Budget- und Zeitplanung vorgenommen.

Das Ziel bei der Entwicklung der Marketing-Konzeption für das Grand Hotel Abcdefg war das Erreichen einer besseren Auslastung des Hotels in den Sommermonaten. Für eine zukünftige Erfolgskontrolle muss dieses Ziel entsprechend operationalisiert werden (s. Abb. 4). Anhand der Entwicklung der Gästezahlen ist dann eine Erfolgskontrolle möglich. Schwieriger ist die

Erfolgskontrolle der kommunikationspolitischen Maßnahmen, da der Erfolg an keiner Kennzahl direkt abgelesen werden kann. Dennoch ist eine Erfolgskontrolle durch den Einsatz der Messmethoden Beobachtung und Befragung möglich. Sog. Posttests können dabei durch z. B. Recall- und Recognitiontests helfen (vgl. Schnettler, Wendt 2011: 352 ff.).

Quellenverzeichnis

Barth, K.; Theis, H.-J. (1998): Hotel-Marketing; Strategien – Marketing-Mix –
    Planung – Kontrolle. 2., überarb. und erw. Aufl., Wiesbaden: Gabler.

Becker, J. (2010): Das Marketingkonzept; Zielstrebig zum Markterfolg!. 4.,
    aktualisierte und erg. Aufl., München: Deutscher Taschenbuch Verlag.

Mitarbeiterin A (2011): Mitarbeiterin Grand Hotel Abcdefg. Schriftliche Auskunft
    vom 27.10.2011.

Dawidowsky, G. (2010): Der perfekte Businessplan für die Gastronomie.
    Stuttgart: Matthaes.

DEHOGA Bundesverband (2011): Definition der Betriebsarten.
    Online im Internet: "URL: http://www.dehoga-bundesverband.de/daten-
    fakten-trends/betriebsarten/ [Stand: 30.10.2011]".

Deutsche Hotelklassifizierung (2012): Kriterien.
    Online im Internet: "URL: http://www.hotelsterne.de/de/?open=Kriterien
    [Stand: 14.01.2012]".

Garmisch-Partenkirchen (2011): Ortsportrait.
    Online im Internet: "URL: http://www.gapa.de/Garmisch-
    Partenkirchen_Ortsportrait [Stand: 30.10.2011]".

Grand Hotel Abcdefg (2011): Geschichte.
    Online im Internet: "URL: http://www.Abcdefg.de/22-0-Geschichte.html
    [Stand: 30.10.2011]".

Hoteliers- und Gastwirteverband (2012): Marketing Kennzahlen.
    Online im Internet: "URL: http://www.hgv.it/unternehmensberatung/
    marketing-kennzahlen.html [Stand: 15.01.2011]".

Kloss, I. (2003): Werbung; Lehr-, Studien- und Nachschlagewerk. 3., völlig
    überarb. und stark erw. Aufl., München; Wien: Oldenbourg.

Kotler, P. et al. (2007): Marketing-Management; Strategien für wertschaffendes
    Handeln. 12., aktualisierte Aufl., München: Pearson Studium.

Mitarbeiter X (2012): Direktor Grand Hotel Abcdefg. Telefonische Auskunft
    vom 02.12.2011.

Oberbayern (2011): Tourismus.
    Online im Internet: "URL: http://www.oberbayern.de/tourismus/presse/
    aktuelle-meldungen/,_psmand,1.html?presse_meldungen_id=55 [Stand:
    30.10.2011]".

Ritz-Carlton (2012): Motto.
    Online im Internet: "URL: http://corporate.ritzcarlton.com/en/About/
    GoldStandards.htm [Stand: 14.01.2012]".

Runia, P. et al. (2007): Marketing; Eine prozess- und praxisorientierte Einführung.
    2., überarb. und erw. Aufl., München: Oldenbourg.

Schnettler, J.; Wendt, G. (2011): Marketing und Marktforschung; Lehr- und
    Arbeitsbuch für die Aus- und Weiterbildung. 4., aktualisierte und erw. Aufl.,
    Berlin: Cornelsen.

Statistisches Bundesamt (2012): Arbeitslosenquote.
    Online im Internet: "URL: http://www.destatis.de/jetspeed/portal/cms/
    Sites/destatis/Internet/DE/Content/Statistiken/Zeitreihen/
    LangeReihen/Arbeitsmarkt/Content100/
    lrarb003ga,templateId=renderPrint.psml [Stand: 14.01.2012]".

Strauß, R. E. (2008): Marketingplanung mit Plan; Strategien für
    ergebnisorientiertes Marketing. Stuttgart: Schäffer-Poeschel.

Wolf, K.; Heckmann, R. (2008): Marketing für Hotellerie und Gastronomie.
    Stuttgart: Matthaes.

Eigenständigkeitserklärung

Hiermit erkläre ich, dass ich die vorliegende Arbeit selbstständig und ohne
unzulässige Hilfe Dritter und ohne Benutzung anderer als der angegebenen
Hilfsmittel angefertigt habe. Die aus anderen Quellen direkt oder indirekt
übernommenen Daten und Konzepte sind unter Angabe der Quelle
gekennzeichnet. Dies gilt auch für Quellen aus eigenen Arbeiten.

Ich versichere, dass ich diese Arbeit oder nicht zitierte Teile daraus vorher nicht in
einem anderen Prüfungsverfahren eingereicht habe.

Mir ist bekannt, dass meine Arbeit zum Zwecke eines Plagiatsabgleichs mittels
einer Plagiatserkennungssoftware auf ungekennzeichnete Übernahme von
fremdem geistigem Eigentum überprüft werden kann.

Ich versichere, dass, falls meine Arbeit in elektronischer Form einzureichen ist,
diese mit der gedruckten Version identisch ist.

_____

Datum, Vorname Name

Anlage 1

E-Mail (schriftliche Auskunft) von Mitarbeiterin A vom 27.10.2011

Mitarbeiterin A ist Mitarbeiterin des Grand Hotel Abcdefg und hat mit einer E-Mail vom 27.10.2011 einige Fragen des Autors beantwortet. Diese Anlage gibt den für die Arbeit relevanten Teil der E-Mail von Mitarbeiterin A wieder.

Über wie viele Zimmer verfügt Ihr Hotel (ich habe dazu keine Angaben auf Ihrer Homepage gefunden)?

Wir haben insgesamt 99 Zimmer, davon 3 Suiten, 20 Einzelzimmer, 76 Doppelzimmer. Alle unsere Zimmer sind in die Kategorien Superior und Deluxe unterteilt. Wobei Deluxe diejenigen Zimmer sind, die einen Blick zum Alpenpanorama aufbieten, während die Superior Zimmer Richtung Kramer gehen.

Ist Ihr Hotel ein "normales" Hotel oder passt die Bezeichnung "Wintersporthotel" besser?

Wir sind ein eher „normales" Hotel. Zwar haben wir für unsere Wintersportgäste einige Annehmlichkeiten geschaffen, aber wir würden uns nicht als explizites Wintersporthotel bezeichen.

Gehe ich recht in der Annahme, dass Sie grundsätzlich im Sommer mehr freie Zimmer zur Verfügung haben als in den Wintermonaten?

Grundsätzlich ist der Sommer eher ruhiger als der Winter, ja.

Welche größeren Städte liegen in der näheren Umgebung und bestünde die Möglichkeit, dass Ihr Hotel einen Tagesausflug in eine größere Stadt organisieren könnte (mir schwebt da z. B. München vor)?

In der näheren Umgebung liegt zum einen, wie Sie bereits geschrieben haben, München, eine andere Möglichkeit wäre Innsbruck.

Selbstverständlich sind wir Ihnen bei der Organisation des Ausflugs gerne behilflich. Durch unsere lange Zusammenarbeit mit den Partnern vor Ort haben wir viele und gute Kontakte die wir gerne für Sie nutzen.

Anlage 2

Telefonische Auskunft von Mitarbeiter X vom 02.12.2011

Mitarbeiter X ist Direktor des Grand Hotel Abcdefg und hat in einem Telefonat am
02.12.2011 einige Fragen des Autors beantwortet. Diese Anlage gibt den für die
Arbeit relevanten Teil des Telefonats mit Mitarbeiter X wieder.

**Können Sie mir etwas über die Struktur Ihrer Gäste sagen, also z. B. über
das Alter, die Herkunft oder den Typ?**

Die meisten unserer Gäste sind zwischen 25 und 50 Jahren alt. Häufig besuchen
uns einzelne Paare oder Familien mit Kindern. Auch Reisegruppen sind oft bei
uns zu Gast. Ein großer Teil unserer Gäste, ich würde sagen rund 80 Prozent,
kommt aus dem deutschsprachigen Raum, also Deutschland, Schweiz und
Österreich.

Was ist der häufigste Aufenthaltszweck Ihrer Gäste?

Hauptsächlich kommen die Gäste natürlich wegen dem Wintersportangebot in
Garmisch-Partenkirchen. Auch das Wandern ist sehr beliebt bei unseren Gästen.

**Und wie lang ist die durchschnittliche Aufenthaltsdauer Ihrer Gäste im
Hotel?**

Die meisten Gäste sind wohl zwischen 5 und 7 Tagen Gast in unserem Haus.

Wie groß ist der Anteil an geschäftlich reisenden Gästen?

Der Anteil an Geschäftsreisenden ist relativ gering.